LA RÉPUBLIQUE, OUI!

LES RADICAUX, JAMAIS!

Extrait du Chapitre IV de la Brochure : **Qui vive ?**

PAR UN PATRIOTE LORRAIN

« Il n'est certainement entré dans la
« pensée de personne que le Président de
« la République, qu'un Maréchal de
« France, le vainqueur de Magenta et de
« Malakoff, se résignerait jamais à devenir
« le jouet des factions et des passions
« radicales et l'instrument passif de leurs
« exigences. »

(Discours prononcé à l'Assemblée nationale par
M. Buffet, le 24 décembre 1875, et solennellement
approuvé par M. le maréchal de Mac-Mahon,
par sa lettre du 25 décembre 1875.)

PARIS

CHEZ LES PRINCIPAUX LIBRAIRES

NANCY	MIRECOURT
, LIBRAIRE-ÉDITEUR	CHASSEL, IMPRIMEUR
du Manége, 3	Rue de l'Hôtel-de-Ville

1877

LA RÉPUBLIQUE, OUI!

LES RADICAUX, JAMAIS!

Extrait du Chapitre IV de la Brochure : **Qui vive ?**

PAR UN PATRIOTE LORRAIN

« Il n'est certainement entré dans la
« pensée de personne que le Président de
« la République, qu'un Maréchal de
« France, le vainqueur de Magenta et de
« Malakoff, se résignerait jamais à devenir
« le jouet des factions et des passions
« radicales et l'instrument passif de leurs
« exigences. »

(Discours prononcé à l'Assemblée nationale par
M. Buffet, le 24 décembre 1875, et solennellement
approuvé par M. le maréchal de Mac-Mahon,
par sa lettre du 25 décembre 1875.)

PARIS

CHEZ LES PRINCIPAUX LIBRAIRES

NANCY	MIRECOURT
WAGNER, LIBRAIRE-ÉDITEUR	CHASSEL, IMPRIMEUR
Rue du Manége, 3	Rue de l'Hôtel-de-Ville

1877

MIRECOURT, TYP. CHASSEL.

LA RÉPUBLIQUE, OUI !

LES RADICAUX, JAMAIS !

CHAPITRE IV.

Les Recrues du Radicalisme.

Différence entre *un républicain vrai* et *un radical pur sang*. — Portrait soigné de celui-ci. — Capacité et rapacité. — Une recette de la *République française* à l'usage des 363. — Sans garantie du Gouvernement. — Trop faible de complexion ! — Le radical au temps de Rabelais. — Toujours les mêmes ! Malheureux fonctionnaires ! Le grand pardon de la République, bonne mère, tristes enfants. — Pourquoi je ne suis plus républicain. — La révolution de 93 et le socialisme contemporain. — Pauvre France ! — Vers patriotiques de Paul Deroulède ! — La République, oui! — Les républicains, jamais !

Autrefois, le mot République signifiait quelque chose d'idéal et de mystique ; aujourd'hui, la Commune a dépoétisé la République, et le pétrole a fait bien du tort aux immortels principes de 1789.

En voyant les quatre gauches s'unir pour combattre le maréchal et le gouvernement de la République, au profit de M. Thiers, peut-être, et de M. Gambetta, ensuite, en attendant Naquet, Rochefort et Gaillard père ou fils, on est tenté de se demander s'il existe encore des républicains, ou bien si les radicaux ne vont pas tuer pour jamais cette République conservatrice que nous avions rêvée, et qui, respectant la loi, aurait fait reposer sa force sur la religion et la liberté. Hélas ! je crains de mourir sans l'avoir vue !

C'est ici le cas d'établir la différence qui existe entre le *radical* et le républicain.

Qu'est-ce qu'un républicain ?

Un républicain ! C'est celui qui comprend les libertés sagement limitées et formant le patrimoine de tous et non les affreuses licences radicales sous la trompeuse étiquette de liberté.

Un républicain ! C'est celui qui rêve, plutôt qu'il ne le veut, un nouvel état de choses rendu impossible, il le sait bien, par les excès sans nombre et sans bornes des organes et des meneurs de la révolution.

Un républicain ! c'est celui qui souffre plus que nous des *divagations* monstrueuses débitées dans les clubs, les congrès, les estaminets et les buvettes d'où les radicaux font se retirer, avec dégoût, les hommes honnêtes et modérés !

Un républicain ! C'est celui qui, appartenant au monde catholique, rougit de *honte* et de *douleur* à la vue des mariages sans consécration religieuse, des enfants sans Baptême et sans Communion, et surtout en face des enterrements civils.

Un républicain ! c'est celui qui aime trop la liberté des honnêtes gens pour approuver le déchaînement licencieux des ennemis aveugles ou acharnés de toute religion ou de tout bon ordre social.

Un républicain ! c'est celui qui s'estime trop *libéral* et trop *tolérant* pour crier contre nos paisibles pelerinages, contre nos belles cérémonies et nos saintes solennités. C'est celui qui, comme l'un d'eux nous le disait tout récemment, trouve tout naturel et très-bon que nous *pelerinions* partout où la foi et le cœur nous entraînent, puisque les démagogues *pèlerinent* sans cesse, en action ou en esprit, vers tous les repaires français et étrangers des suppôts de la Commûne et de la Sociale...

Un républicain ! C'est celui, enfin, qui ne craint pas de dire bien haut : « La République est à jamais déshonorée et perdue par les radicaux et les libres-penseurs. »

Dites s'il en est beaucoup de ce caractère dans le parti qui s'intitule républicain ?

Et maintenant qu'appelons-nous radical ?

Etre radical dans le peuple, c'est à peu près synonyme d'être un mauvais sujet et un propre à rien, — et quand on a vu les hauts bonnets du républicanisme se précipiter, comme ils l'ont fait, sur les bonnes places et les concessions de chemins de fer, on n'a plus d'illusion, on est forcé de convenir que le programme de la République nouvelle se résume dans ces mots opportunistes : *Ote-toi de là que je m'y mette.*

Le radical est vieux. Le jour où l'homme sortait de terre, le démocrate vivait déjà sous la peau du serpent. Il mène une vie souterraine. Il appartient à la classe des rongeurs. Il creuse, il fouille, il mine. De temps à autre il met le museau à l'air ; puis il rentre dans son trou. Il est brave en paroles mais timide en action. Un peu d'énergie, de la part du pouvoir, le trouble et le déconcerte sans cependant le décourager. Il a la ténacité du renard. Il croit qu'à force de creuser le sol on cause un éboulement. Il n'a pas tort.

Le radical porte un type qui ne se dément pas ; sauf quelques légères variantes, sa figure est la même. Héritier de la jalousie du prince des ténèbres, il hait l'autorité : il ne peut rien souffrir au-dessus de lui. Son talent principal ou plutôt unique est d'exagérer les défauts du pouvoir existant. Il vit de critique et de haine.

Sa langue est maligne, sa plume incisive. Il ne boit que du venin et ne jette que du fiel. Nommez-moi un grand nom, montrez-moi un grand homme, un héros, qui vous voudrez, le radical en fera un nain, un être ridicule, et cela en un tour de main (1). Hélas ! il s'en prend bien à Dieu même ! ! !

Le radical est fanfaron. Il se rengorge volontiers. Il y a du capitaine Fracasse dans son faire. Il est toujours, à l'entendre, l'immense majorité des citoyens. C'est toujours au nom de l'humanité qu'il parle.

L'autre jour, à la tribune, Jules Ferry, prenant des poses superbes, s'écriait que la dissolution dont on les menaçait, ses collègues et lui l'acceptaient comme une *délivrance*. Et Gambetta s'écriait avec présomption : « Nous redeviendrons quatre cents ! »

Mais ces déclarations étaient hypocrisie pure. Nos démocrates chantaient ainsi pour chasser la peur. S'ils eussent été aussi sûrs qu'ils veulent bien le dire de voir sortir, fortifiée d'une nouvelle épreuve électorale, la majorité républicaine de la Chambre, la dissolution n'aurait pas soulevé dans leurs poitrines tant de cris de colère. C'est le propre de la confiance d'être calme. A la veille d'une victoire, Turenne s'endormait d'un sommeil tranquille sur l'affût d'un canon. Ce repos

____

(1) Rien n'est plus sacré pour ces talons rouges de la démocratie. Croyant écraser leurs adversaires, nous les voyons, avec une bouffonnerie comique, souvent faire un crime d'une honorable situation industrielle ou commerciale et s'écrier avec aplomb comme le faisait naguère le *Progrès de Lyon* pour M. Chevalier : *C'est un fabricant de produits chimiques !* »

Cela rappelle le ton de suprême dédain avec lequel la *République française*, journal du *Marquis de* Gambetta, reproche au sénateur M. Chesnelong, d'être « *marchand drapier.* »

On doit en rire à Cahors, où les bonnes femmes criaient tout haut, devant les rares républicains du Lot, qui posaient la candidature de M. Gambetta, en 1871 :

— *Boulén pas d'oquel morchand de pissodous.* (Nous ne voulons pas de ce marchand de..... vases de nuit.) (Historique).

précurseur du triomphe, le radical ne le connaît pas. Ses insomnies, ses veilles, ses démarches agitées par la fureur et l'inquiétude révèlent suffisamment la prévision d'une défaite.

Le radical est braillard. Si quelqu'un crie, jure, chante ou piaille, jurez que c'est un radical, on le reconnaît rien qu'au ton de la voix. C'est au cabaret surtout qu'on le retrouve. Le cabaret est son domicile, son temple et son autel. Le radical et la bouteille sont inséparables ; je ne sais s'il serait même possible de distinguer la cruche d'avec le radical. Le cabaret est la ruche où bourdonnent et se rassemblent les frelons de la démagogie ; supprimez les quatre cent mille cabarets, bouchons, tavernes ou estaminets, qui abreuvent la France, et la démagogie tombe à plat.

Qu'on me permette ici une courte digression pour faire la preuve de cette dernière pensée.

La *Petite République Française* s'adresse aux 363 pour leur faire entendre qu'ils ont à se remuer de toutes leurs force s'ils veulent être réélus. La raison qu'elle en donne, c'est que la popularité est une « plante délicate qui a besoin de soins et de culture : « elle se flétrit vite, faute d'arrosage » Il faut donc « arroser » la popularité et pour qu'on ne se méprenne pas sur le sens de ce conseil qui doit être pris à la lettre, la *Petite République* ajoute :

« Le suffrage universel, en devenant majeur, est devenu susceptible ; il exige tous les égards auxquels il a droit. L'électeur veut voir son élu, savoir s'il est homme à ne pas rechigner, au besoin, devant un coup de piquette. »

Or, les dernières élections ont donné lieu, nous dit-on, à un épisode assez drôle qui pourra bien se reproduire aux élections prochaines.

Un candidat de la gauche, qui faisait lui-même sa propagande électorale, parcourait les cabarets de sa circonscription, et là, trinquait sans façon avec le suffrage universel.

Au bout de la première journée de cet exercice, il s'aperçut qu'il y avait vraiment trop de marchands de vins dans le pays, et que son estomac ne résisterait pas à sa popularité.

Il ne cessa pourtant pas ces tournées — *tournée* est le mot — mais il ne se fit plus servir que du sirop de groseille, de l'orgeat et autres liquides inoffensifs.

Qu'arriva-t-il ? C'est qu'il ne fut pas élu. Les bons électeurs, qui ne se rendaient pas compte du nombre de verres qu'il était forcé d'ingurgiter par jour, pensèrent qu'un homme réduit aux sirops serait un député malingre et de trop peu de poumons.

Ils portèrent leurs suffrages sur un conservateur qui passait pour un grand chasseur, beau buveur et fourchette de premier ordre.

Savoir bien boire et ne pas négliger de faire boire, telle est donc la grande manœuvre électorale recommandée aux 363, et tel est aussi, d'après la *Petite République*, le genre d'égards auxquels a droit le suffrage universel devenu susceptible en devenant majeur ; bref, c'est par cet « arrosage » que les 363 sont avertis d'avoir à cultiver leur popularité qui flétrirait bientôt sans cela.

En présence de cet aveu dépouillé d'artifice, on s'explique à merveille pourquoi les députés et même les sénateurs de la gauche montraient naguère une si grande sollicitude pour les cabarets. C'est par cette institution qu'ils ont acquis leur popularité, c'est par elle qu'il est nécessaire de la maintenir ou de la retrouver.

C'est bon à retenir. Mais continuons notre étude sur le radical :

Le radical est toujours mal à l'aise en ce monde, et c'est pourquoi il en cherche un meilleur. Toute botte le blesse, surtout celle qu'il ne porte pas. Il trouve les lois injustes, le pouvoir oppresseur, les grands dédaigneux, les curés intolérants, la police tracassière. Ordinairement il est sans argent, sans crédit, sans réputation, sans goût pour le travail, sans religion, sans morale, sans envie de bien faire. Il n'a ni sou ni maille, ni pot ni caisse, où ce qu'il possède appartient à ses créanciers (1). Alors, alors vous comprenez, quel zèle pur ! quel désintéressement ! quel noble amour de l'humanité ? Quelle âpreté pour obtenir une place ! La meute jappe, aboie, hurle, s'irrite et menace de manger les chasseurs si on ne lui donne pas à mettre sous la dent de bonnes petites préfectures, sous-préfectures et autres emplois rétribués dans l'administration.

Et cependant, c'est un singulier métier de ce temps-ci que le métier de préfet et de sous-préfet, etc !.. Je ne crois pas trop m'avancer en le mettant au nombre des petits métiers, et de ceux que j'interdirais à mon fils s'y j'en avais un.

Comment, voici un pauvre diable qui du jour au lendemain met un habit brodé, descend de sa mansarde

(1) Il semble que Rabelais a voulu les dépeindre quand il écrivait ceci en 1551 :

« Figurez-vous une nuée de bons gars dépenaillés, tirant leurs grègues, affamés de place, grands gausseurs, grands avaleurs, ribauds et baguenaudiers, dénués d'argent, devallant de tous les cabarets et autres mauvais lieux, ayant bec de fouynes, friands de badigoinces, affrontant quiconque, faisant leurs poussées à tout prix, tettant à la République comme à une nourrice pleine de lait, bons raillards, aptes à tout faire, ignares comme des carpes, hâbleurs comme des Gascons, faisant haut sonner des exploits qui auraient pu les envoyer ramer dessus les galères du roy, n'ayant jamais pu rien faire, ni escrire, ni compter, ni vendre ni acheter ; paresseux comme des loirs et cuydant, avec sincérité, qu'ils sont nés pour conduire la France.

dans un palais, a des voitures, des chevaux, de nombreux domestiques, une légion d'employés, humbles et soumis, du moins en sa présence, qui étale tous les signes extérieurs de la royauté dans son chef-lieu ; que l'on adule, que l'on trompe, que l'on trahit comme un vrai roi, et en réalité il n'est qu'un laquais dans l'antichambre, attentif à la sonnette de son maître, le ministre de l'intérieur ; au moment où il y pense le moins, sans qu'il ait démérité en rien, le télégraphe vient souffler sur sa gloire et l'éteint comme une allumette ; il reste, ainsi que Cendrillon le soir qu'elle oublia de quitter le bal avant minuit ; son carosse redevenu citrouille, ses chevaux gris des souris, son cocher un rat moustachu, son habit brodé un costume de carnaval qui ameute les gamins ; il retourne à sa mansarde plus malheureux, plus pauvre, par les habitudes qu'il vient de prendre, et d'une pauvreté un peu ridicule remplaçant sa pauvreté peut-être honorable d'autrefois.

Enfin le radical a toujours les mêmes auxiliaires et les mêmes recrues, depuis le simple électeur jusqu'au courtier d'élections et au colporteur, que quelqu'un définissait, naguère devant moi, « *l'œuf qui lie le potage républicain.* »

Il y a longtemps qu'on dit : « *tous les républicains ne sont pas fripons, tous les fripons sont républicains.* » Mais on n'a jamais ce me semble recherché la cause de ce phénomène.

La voici. C'est que les fripons sont beaucoup mieux traités par la République que par la monarchie. La République leur est systématiquement indulgente ; c'est de sa part un principe qui s'est peu à peu introduit dans la tradition républicaine. On a commencé par dire : La République est la patronne naturelle des déshérités, des petits, des opprimés. C'était parfait.

Mais chez nous, on ne reste jamais longtemps dans la juste mesure. Notre caractère fougueux dépasse vite le but. Après les déshérités de la fortune, la République a pris, sous sa tutelle, les déshérités de la conscience ; après les petites bourses, les petites vertus. Les condamnations criminelles ou les revers privés se transforment naturellement en lettres de noblesse dans un parti où on est forcé de faire appel aux déclassés, aux inutiles, aux turbulents, aux révoltés. Donc on a passé l'éponge sur une foule de délits périmés. La prescription a refait des virginités, l'oubli a reconstruit des innocences et le parti républicain compte beaucoup sur la destruction du casier judiciaire.

La République de 1870 n'eut garde de manquer à la tradition. Dès la première heure, elle commença par ouvrir les prisons et par rendre à la société une collection d'escrocs, de faussaires, d'assassins dont la société se passait fort bien. Ce n'est pas deux noms que je pourrais citer, mais cinquante, mais cent !....

Encore si la République après avoir, par principe, donné la clef des champs aux victimes du Code pénal, leur disait dédaigneusement : « Allez vous faire pendre ailleurs ! » Mais point. Elle leur ouvre ses bras et des horizons nouveaux. Voyez ce qui se passe au 4 septembre. Presque tous les affranchis de l'émeute sont arrivés. Les uns ont été distingués par le gouvernement de la défense nationale qui leur donna des places où des grades, d'autres enfin par le gouvernement de M. Thiers qui les décora.

Ah ! la République sait défendre les siens ! Elle ne se contente pas de promettre aux consciences faibles l'oubli pour le passé. Elle leur promet l'impunité pour l'avenir.

Elle leur dit : « Viens à moi. Tu seras inviolable. Tu

auras toutes les qualités, toutes les vertus, sans qu'il t'en coûte rien. Tu seras patriote sans verser une goutte de sang, éloquent sans ouvrir la bouche, austère sans rien te refuser. Compare le sort que je te réserve à celui des infortunés monarchistes ! Viens à moi ! Tout te sera permis. Tu pourras prendre part à une insurrection comme Ranc sans être poursuivi ; faire banqueroute comme Mottu sans perdre l'estime de tes amis ; tu pourras enfin comme Naquet, faire payer 70,000 fr. à l'Etat des batteries de 35,000 fr. sans ébranler la confiance de tes électeurs. Viens dans mes bras. De si bas que tu sois parti, si haut que tu veuilles monter, ne désespère pas, ton jour peut arriver. Tu sors du bagne, dis-tu ; et ton rêve serait le portefeuille des finances ? Eh bien ! qui sait ? La Commune peut revenir !... »

C'est ainsi que se forme le grand corps d'armée, c'est ainsi que se forment ces millions d'électeurs démocratiques ; électeurs que l'on met en branle en excitant tous les appétits, toutes les convoitises, en faisant appel à tous les pires instincts.

Quant aux chefs, ils se recrutent, pour la plupart, dans tout ce qui tombe des classes dirigeantes ; non-seulement les hommes tarés, comme on le dit avec grande exagération, mais tout ce qui a échoué ailleurs, tout ce qui n'a pas réussi, tout ce qui a été déçu dans son ambition, tout ce qui a eu des mésaventures, des désappointements, des humiliations, etc.

Par exemple, un homme est dans l'industrie, il fait un pont, ce pont croule — ce n'est pas la faute de la société — mais de suite, il se fait républicain.

Un homme est dans le commerce, il ne vend pas bien son sucre et sa chandelle, il fait faillite — ce n'est pas la faute de la société — mais de suite il se fait républicain.

Un homme est dans le clergé, il commet une légèreté, est blâmé par son évêque — ce n'est pas la faute de la société — de suite il se fait républicain.

Un homme est au régiment, il a une histoire fâcheuse dans les bureaux arabes ou ailleurs... — ce n'est pas la faute de la société, — de suite il se fait républicain.

Un homme est dans la marine, un jour d'erreur, il manque à son devoir, est puni par ses chefs, — de suite il se fait républicain.

Un homme bien né a le malheur d'avoir un crime dans sa famille — ce n'est pas la faute de la société — de suite il se fait républicain.

Un homme a gagné une grande fortune, mais cette grande fortune ne lui ouvre pas le grand monde, — de suite il se fait républicain.

Un réactionnaire ambitieux demande une recette, une préfecture, une ambassade... on les lui refuse, — de suite il devient républicain.

Un homme qui a une demi-instruction, une demi-éducation, veut se faire recevoir dans la société, on ne lui ouvre pas la porte, — de suite il devient républicain.

Par sa profession, un homme a une situation un peu fausse, un peu indéterminée entre les classes d'en haut et les classes d'en bas, — de suite il devient républicain.

Cela vous est-il arrivé, lecteurs ? Combien de fois, dans le monde, ne me suis-je pas dit : Tiens ! qu'est-ce qui a pu rendre un tel républicain ? Alors, je cherche, et, en cherchant, presque toujours je trouve.

Et, quand je parle des hommes, c'est surtout les femmes qu'il faudrait dire ; car ce sont elles les plus terribles. Lorsque, par sa famille, une femme n'appartient pas au monde, ou lorsque, par son inconduite, elle s'en est fait bannir, c'est alors qu'elle devient plus républicaine que son mari, c'est alors qu'elle l'entraîne aux extrémités du parti, par haine contre la société, par rage de se voir exclue, par fureur contre tout ce qui est respecté et salué ici-bas !

Depuis que la démocratie a rendu les foules envieuses, le peuple est devenu républicain. Pour l'ouvrier, c'est la haine du bourgeois ; pour le bourgeois, la haine du noble ; pour le paysan, la haine du propriétaire.

La démocratie, c'est le grand refuge ! le refuge de tous les déclassés, de tous les mécontents : mécontent de son sort, mécontent de la société, mécontent de soi, mécontent des autres, mécontent de Dieu !

Et ne croyez pas que ces déclassés et ces mécontents soient les moins utiles serviteurs de la République. Loin de là. Ils recrutent par la terreur. Ils sont hardis, impérieux, violents. Les autres au contraire sont hésitants, mous, couards ; ils se laissent faire. Une poignée de gueux intimide et bientôt entraîne une foule d'honnêtes gens.

Ah ! si le parti conservateur voulait, il aurait bien bon marché du parti radical ! Un coup de pied dans l'arbre, le fruit est pourri, il tomberait à terre.

Si j'attaque le parti radical, ce n'est pas comme légitimiste, comme orléaniste, comme bonapartiste : c'est en ma qualité de Français, je l'attaque parce qu'il veut renverser le Maréchal président d'une république honnête ; je l'attaque parce qu'il veut rester parti au pouvoir, ce qui est injustice, abus, oppression.

Je confonds le reste du parti avec sa queue, par une raison bien simple, que maintenant ce parti est tout queue et que ceux que vous croyez en être, (comme M. Thiers, le centre gauche et les modérés), la tête et le corps, sont encore la queue, et lui obéiront encore d'une façon plus complète si leur triomphe se consomme.

Il ne s'agit pas de République, il s'agit de la Commune, il s'agit de la Terreur de 1793 et de 1871 ; il s'agit de la désorganisation de la France et de la Société.

S'il s'agissait d'une vraie République, j'en serais, mais ceux qui se disent républicains aujourd'hui, sont les mêmes, qu'avec une douloureuse résignation, mais une invincible fermeté, Cavaignac a dû combattre, dans Paris, en 1848.

Quand je dis les mêmes, je les flatte ; car le patriotisme, la résolution et la bravoure n'y sont plus.

Depuis quelques années, la révolution est entrée dans une phase nouvelle. Après avoir épouvanté le monde par ses crimes et l'avoir parfois étonné par ses exploits, la révolution a commencé sa « seconde manière..., » manière assez difficile à définir, mais qui a pour signe distinctif : la trahison.

Moins de sang répandu, moins d'excès ; mais si elle tue moins d'hommes, elle tue l'âme même de la nation, elle tue la patrie. C'est là la grande différence !

Les massacres de 93 étaient d'abominables forfaits, mais ce n'était pas de la trahison ! Danton, Robespierre, Saint-Just étaient des monstres, des bourreaux... mais ils n'ont jamais été traîtres !

Bien loin d'être traîtres, au milieu même de leurs crimes, ils se sont efforcés de relever le courage du peuple, ils l'ont entraîné à la frontière, ils ont prêché la guerre sainte, l'esprit de sacrifice, le prestige de la gloire, le respect des héros.

Ce qui fait qu'en lisant cette histoire on est partagé entre l'horreur qu'on éprouve devant leur cruauté et je ne sais quelle admiration devant leur furieux patriotisme et leur sanglante énergie ; car au moment même où on recule avec dégoût devant ces hécatombes humaines, on aperçoit au loin l'Allemand repoussé, l'ennemi en fuite, la France délivrée, les rives du Rhin conquises...

Aujourd'hui tout est changé.

La révolution est moins sanguinaire. Au Quatre Septembre, elle a renversé la monarchie sans tuer un homme. Pendant les deux mois de la Commune, au lieu d'égorger la moitié de Paris, *comme elle aurait fait en 93*, elle a simplement tué quelques otages. Mais en revanche, bien loin de prendre pour mot d'ordre l'idée de patrie, elle ne représente plus qu'une chose, la trahison.

Trahison au 4 septembre, — trahison pendant la Commune, — trahison aujourd'hui chez les démocrates de l'Assemblée, — chez les démocrates de la presse, — chez les démocrates de Paris, de Lyon, de Marseille, partout !

Et cela vient de ce que la révolution a cessé d'être politique pour devenir sociale, et qu'avec le socialisme il n'y a plus de patrie.

Et, chose étrange, tandis que le patriotisme s'éteint lentement dans les masses et s'éteint tué par la démocratie, il revit plus puissant que jamais dans les classes dirigeantes, — dans ce clergé, cette armée, cette noblesse, qui l'avait un peu perdu au siècle dernier.

Combattants des bords du Rhin, Forbach, Gravelotte et Reischoffen, je vous salue avec respect, vous êtes des héros !!! Dans votre glorieux chef je contemple un nouveau Bayard !!

Et vous, zouaves de l'intrépide Charette, qui avez combattu si vaillamment où vous avez trouvé l'ennemi, je demande à Dieu de vous bénir et à la France de vous honorer.

Oui, pendant cette dernière guerre, ce sont les descendants de nos preux, les hommes de la Monarchie et de l'Empire, qui ont lutté jusqu'à la dernière heure, acceptant tout par amour du pays, tout, jusqu'à servir sous les ordres de M. Gambetta, tandis que les révolutionnaires, au lieu de s'occuper de chasser l'étranger, ne songeaient qu'à établir leur République et trahissaient d'un bout à l'autre de la France.

Quelle monstruosité ! quelle indigne spéculation ! quel révoltant calcul ! Nous les avons entendus, au jour de malheur de nos foyers, témoins désolés de tant de sacriléges, ces ennemis intérieurs qui criaient : « *Que la France périsse plutôt que notre République !* »

« Nous voulons une patrie sans souvenirs historiques,
» brûlons ses monuments; une patrie sans magistrature,
» assassinons ses juges ; une patrie sans religion, mas-
» sacrons ses prêtres ; une patrie sans drapeau, com-
» battons son armée; une patrie sans morale, honorons
» l'infamie; une patrie sans gouvernement, proclamons
» l'anarchie. »

Ah ! faiseurs de pamphlets et chercheurs de doctrines,
C'est vous les impuissants qui nous avez détruits !
C'est votre esprit qui vient crier sur nos ruines :
« Ne soit d'aucun devoir, tu n'es d'aucun pays ! »

Ah ! la fraternité des peuples vous enchante !
Eh bien, l'heure est propice à vos enivrements
Votre chanson est belle et vaut bien qu'on la chante,
Regardez-les passer, vos frères allemands.

Oui, vous avez raison, c'est hideux le carnage ;
Oui, le Progrès blessé recule et se débat ;
Notre siècle en fureur retourne au moyen-âge,
Mais sachons donc nous battre au moins, puisqu'on se bat !

Oui le sort nous a pris de bien chères victimes.
Et Regnault expirant est là comme un remord.
La guerre a de ces coups, la gloire a de ces crimes,
Mais l'égoïsme humain est plus fort que la mort.

Il est sous le soleil des heures de vertige
Où la vertu d'un peuple hésite et s'interrompt
Où couvrant de grands mots l'instinct qui la dirige
La peur même, la peur n'a plus de rouge au front.

C'est là, c'est au travers de ces époques noires
Qu'un ennemi rampant s'est glissé jusqu'à nous
Ses monstrueux anneaux ont étouffé nos gloires
Et la France enlacée est encore à genoux

Pauvre France ! que Dieu te protége et te change !
Ton espoir était fou, que ton deuil soit sensé,
Tu parles déjà haut de l'avenir qui venge
L'avenir qui répare est-il donc commencé ?

On t'excite, on te plaint, on crie, on te harangue.
Ah ! mon pauvre pays, souviens-toi de Babel !
N'écoute qu'une voix, ne parle qu'une langue
Quand tu n'as qu'un devoir et que tu sais lequel.

Et toi, Corneille, toi père du grand courage
Redis-nous ces leçons dont tu formais des cœurs :
Le calme dans l'effort, la haine après l'outrage
Redis-nous la patrie et refais-nous vainqueurs ! (1)

Voilà pourquoi nous, qui demandons que, *jusqu'au bout*, l'on conserve la République avec le maréchal de Mac-Mahon ; nous, qui demandons à tous les monarchistes de laisser là leurs drapeaux pour se rallier à lui sans aucune espèce d'arrière-pensée, nous avons le droit de dire que si, par raison, on peut se résigner à la République, jamais on ne doit se résigner aux républicains.

Parce que le parti républicain n'est pas un parti politique ; parce que c'est un parti d'ambitieux, de mé-

(1) *Chants du soldat*, P. Déroulède.

contents ; parce qu'il suffit de voir de quoi se composent les 363 ; parce qu'il suffit de voir jusqu'où les libéraux du centre gauche sont forcés de descendre, quelle solidarité ils sont obligés d'accepter, à quels hommes ils sont condamnés non-seulement de s'unir, mais de se dévouer, pour juger ce parti.

Si nous jetons un coup d'œil sur la Chambre dissoute, nous n'y voyons qu'une sorte de parti pris de recueillir les gens qui ne marquaient pas dans leur profession. La gauche compte un musicien. Est-ce M. Gounod, M. Massé, M. Ambroise Thomas ? Non, c'est M. Dautresme. Comme avocat, elle n'a ni maître Lachaud. ni maître Bétolaud, ni maître Allou, ni maître Nicolet, mais bien maître Franck Chauveau (?), maître Guichard (??) ou maître Guillemin (???). Ses médecins sont d'obscurs praticiens de chef-lieu de canton, ses banquiers, des escompteurs, et sans le farouche citoyen Menier, elle ne pourrait pas se vanter d'un seul grand industriel.

Dans ces conditions, nous persistons à ne pas comprendre ce que le pays pourrait regretter dans une Chambre qui ne s'est mêlée que de procédure politique, qui cassait les ministères pour voir ce qu'il y avait dedans, qui ignorait les affaires, qui n'en a point traité, qui n'a pas eu le quart d'une idée pour essayer de résoudre les problèmes dont nous souffrons ? Qu'on nous cite seulement une tentative comme celle de la dernière Chambre de l'Empire, où l'on avait soulevé la question si grave, si capitale de la diminution des frais de succession qui absorbe les petits héritages. (M. Leplay a donné un exemple effrayant de cette fiscalité pneumatique dans un livre sur l'*Organisation de la Famille*.)

Le bilan des deux sessions qui ont eu lieu depuis mars 1876 se résume par un seul mot qu'on peut répéter à l'infini :

Rien ! rien ! rien ! rien !

Nous tenons à espérer que la France l'a compris et qu'elle n'aura point l'idée saugrenue de nommer à nouveau cette Chambre où triomphait le vide. Ne fût-ce que pour garder son renom de la nation la plus spirituelle du monde, elle voudra changer de personnel.

Le jour où la République des républicains sera ce qu'elle doit être, un régime de vraie liberté politique et sociale, un régime qui suppose le plus de vertus chez le citoyen, un régime pour lequel on prêche le respect de Dieu et le respect de l'autorité, le patriotisme et l'abnégation, ce jour-là, nous serons les premiers à dire à la France : Acceptez, non-seulement la République, mais les républicains.

Mais, jusqu'à ce jour, et tant que nous verrons MM. Gambetta et consorts rompre bruyamment avec M. Ordinaire, sans avoir le courage de rompre avec les souteneurs de la Commune ; tant que nous verrons : — d'un côté, toutes les gloires de l'armée, du clergé, de la magistrature, et les Mac-Mahon, et les Canrobert, et les Ducrot, et les Bourbaki, et les Guibert, et les Dupanloup ; — et de l'autre, ce mélange de prêtres défroqués, de religieux rechaussés, de soldats révoltés, de renégats, de déserteurs, d'envieux et de mécontents, nous aurons le droit de dire :

La République : Oui ! que ...

Les républicains : Jamais !... (1)

(1) Saint-Genest (16 juillet 1877).

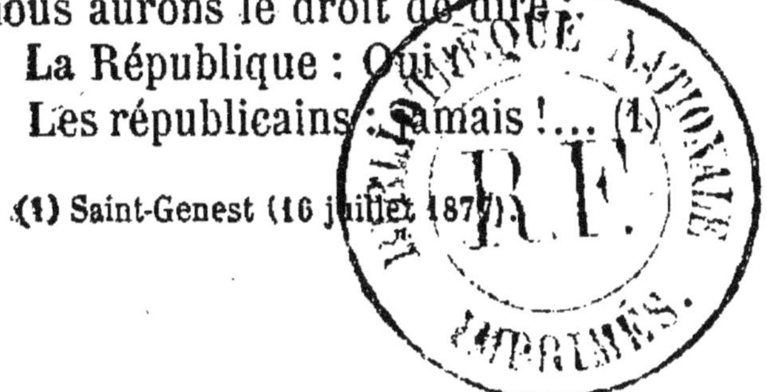

Mirecourt, typ. Chassel.